essentials

Essentials liefern aktuelles Wissen in konzentrierter Form. Die Essenz dessen, worauf es als „State-of-the-Art" in der gegenwärtigen Fachdiskussion oder in der Praxis ankommt. Essentials informieren schnell, unkompliziert und verständlich.

- als Einführung in ein aktuelles Thema aus Ihrem Fachgebiet
- als Einstieg in ein für Sie noch unbekanntes Themenfeld
- als Einblick, um zum Thema mitreden zu können.

Die Bücher in elektronischer und gedruckter Form bringen das Expertenwissen von Springer-Fachautoren kompakt zur Darstellung. Sie sind besonders für die Nutzung als eBook auf Tablet-PCs, eBook-Readern und Smartphones geeignet.

Essentials: Wissensbausteine aus Wirtschaft und Gesellschaft, Medizin, Psychologie und Gesundheitsberufen, Technik und Naturwissenschaften. Von renommierten Autoren der Verlagsmarken Springer Gabler, Springer VS, Springer Medizin, Springer Spektrum, Springer Vieweg und Springer Psychologie.

Thorsten Gerald Schneiders

Selbstmordanschläge und Islam

Muslime zwischen Distanzierung und Ignoranz

 Springer VS

Thorsten Gerald Schneiders
Duisburg
Deutschland

ISSN 2197-6708
ISBN 978-3-658-07162-2
DOI 10.1007/978-3-658-07163-9

ISSN 2197-6716 (electronic)
ISBN 978-3-658-07163-9 (eBook)

Die Deutsche Nationalbibliothek verzeichnet diese Publikation in der Deutschen Nationalbibliografie; detaillierte bibliografische Daten sind im Internet über http://dnb.d-nb.de abrufbar.

Springer VS

Gedruckt auf säurefreiem und chlorfrei gebleichtem Papier

Springer VS ist eine Marke von Springer DE. Springer DE ist Teil der Fachverlagsgruppe Springer Science+Business Media
www.springer-vs.com

Was Sie in diesem Essential finden können

- Ein kurzer Überblick über die historische Entwicklung von Selbstmordanschlägen.
- Einblicke in die islamisch-theologischen Überzeugungen im Zusammenhang mit Selbstmordanschlägen.
- Wie Selbstmordanschläge religiös legitimiert werden.
- Wie sich Teile der muslimischen Gelehrtenwelt positionieren.
- Die Haltung muslimischer Gläubiger zu dem Thema.

Vorwort

Selbstmordanschläge sind nach wie vor ein verbreitetes Phänomen. Meistens werden sie in der islamischen Welt verübt, wo es derzeit kaum ein Land ohne gewaltsame innere Konflikte gibt. Zugleich lassen Medien diesen Auseinandersetzungen wesentlich mehr journalistische Aufmerksamkeit zukommen als Konfliktherden in anderen Teilen der Welt; das subsaharische Afrika etwa steht im Vergleich dazu mit seinen Gewaltakten weitaus weniger im Fokus. Das liegt unter anderem an den großen Anschlägen, die Islamisten in den USA und Europa seit dem 11. September 2001 verübt haben, sowie an der geographischen Nähe der islamischen Länder zu Europa. Darüber hinaus bilden Muslime im Westen eine große Einwanderergruppe, wodurch der Islam in den europäischen Gesellschaften sichtbar wird. Eine weitere Ursache sind die seit Jahrhunderten verbreiteten Vorurteile gegenüber Muslimen und ihrer Religion.

Insbesondere diese Vorurteile führen wiederum dazu, dass kritische Anmerkungen zum Islam und zu Muslimen allzu schnell auf Skepsis stoßen. Mitunter wird jegliche Kritik voreilig als Spielart von Islamfeindlichkeit bewertet und rundweg abgelehnt. Ohne eine offene Thematisierung des Widerstands gegen Kritik, steht am Ende eine evolutionäre Stagnation, die die Spannungen zwischen der eigenen Tradition und der Moderne weiter verschärft. Des Weiteren vergrößert sich das Misstrauen zwischen Muslimen und Nicht-Muslimen – die Fronten verhärten sich.

Dieses Spannungsfeld zwischen Diskriminierung und Kritik(un)fähigkeit haben zwei von mir bei Springer VS in Wiesbaden herausgegebene Sammelbände umfassend aufgegriffen. Es handelt sich dabei um den Titel *Islamfeindlichkeit – Wenn die Grenzen der Kritik verschwimmen* in 2. erweiterter und aktualisierter Auflage von 2010 und um den Titel *Islamverherrlichung – Wenn die Kritik zum Tabu wird*, ebenfalls von 2010. In letzterem Band ist der hier vorliegende, leicht überarbeitete Beitrag erstmals unter der Überschrift erschienen: „Wie viel Islam steckt in einem islamistischen Selbstmordanschlag? Einige Überlegungen zur Positionierung gegenüber Gewaltakten" (S. 329–340). Beide bis heute im Wissenschaftsbetrieb und auch in der Öffentlichkeit vielbeachteten Sammelbände sowie mein aus den beiden Werken zusammengestelltes und um einige Beiträge erweitertes Buch *Verhärtete Fronten – Der schwierige Weg zu einer vernünftigen Islamkritik* wurden zusammen mit zahlreichen renommierten Forschern erarbeitet. Alle Beteiligten waren dabei stets um einen möglichst sachlichen und unaufgeregten Zugang zu den Themen bemüht, ohne sich dabei selbst etwaige Denkverbote aufzuerlegen. Vor diesem Hintergrund ist auch der nachfolgende Beitrag entstanden.

Inhaltsverzeichnis

Spätestens seit der zweiten Intifada im israelisch-palästinensischen Konflikt ist die „Waffe" der Selbstmord- bzw. Suizidanschläge in der öffentlichen Wahrnehmung weltweit präsent. Diese spezielle Form der Gewaltanwendung ist jedoch in der Geschichte der Menschheit nicht neu. Über das vielleicht erste Attentat lässt sich schon in der Bibel nachlesen: Samson, der blinde Hüne, bittet Gott um die Kraft, die Arena, an deren Säulen er als Gefangener der Philister angekettet ist, zum Einsturz bringen zu dürfen, damit ihr Schutt die versammelten Feinde unter sich begraben konnte; „und es waren der Toten, die er bei seinem Sterben umbrachte, mehr als derer, die er in seinem Leben getötet hatte." (Buch der Richter Kap. 16, Vers 30). Der Gedanke des Selbstmordanschlags und der Martyriumssehnsucht findet sich bei den antiken jüdischen Sekten der Sikarier oder der christlichen Circumcellionen ebenso wie im Einflussbereich moderner fernöstlicher Geisteshaltungen oder säkularer politischer Ideologien im Westen. Die wohl spektakulärsten Selbstmordattentate führten die so genannten Kamikazepiloten der japanischen Armee im Zweiten Weltkrieg durch (Schneiders 2006, S. 133 ff.).

Selbstmordanschläge sind also keine Erfindung von Muslimen, aber die meisten Angriffe dieser Art werden heute von Muslimen verübt – vor allem im Irak, in Afghanistan oder in Pakistan. Das ist zunächst ein Faktum, das es nüchtern zur Kenntnis zu nehmen gilt. Die Drahtzieher dieser Anschläge berufen sich ausdrücklich auf die Quellen des Islam und geben sich als „wahre" Gläubige aus. Nun ließe sich betonen, dass es sich dabei um Extremisten handele, die mit dem eigentlichen Islam nichts zu tun hätten. Das mag durchaus sein, dennoch steht man vor der Frage: Wie viel Islam steckt in islamistischen Selbstmordanschlägen? (zum Begriff des Islamismus siehe Rohe 2010)

© Springer Fachmedien Wiesbaden 2015

T. G. Schneiders, *Selbstmordanschläge und Islam,* essentials,
DOI 10.1007/978-3-658-07163-9_1

Spirituelle Motivation

Wie die Geschichte zeigt, gibt es keinen Fall von organisierten Selbstmordanschlägen, die frei von politischen Zielen sind. Zugleich gibt es – anders als bei organisierten Ritualmorden, die nicht das Ableben der Delinquenten zur Folge haben wie bei den Thags in Indien –, weder ein mir bekanntes historisches noch gegenwärtiges Beispiel, bei dem Selbstmordattentate allein auf Grund von spirituellen respektive religiösen Beweggründen organisiert wurden. Wie die Geschichte aber auch zeigt, sind spirituelle Motive in den meisten Fällen zumindest von Bedeutung. Während politische Motivation stets ein breites Fundament bildet, variieren diese jedoch erheblich in ihrer Stärke. Das sieht man, wenn man Selbstmordattentäter von islamistischen Organisationen wie Hisbollah oder Hamas mit den japanischen Kamikazepiloten oder Selbstmordattentätern der marxistisch-leninistischen Kurdischen Arbeiterpartei (PKK) in der Türkei vergleicht. Während die spirituellen Motivationen bei ersteren deutlich zu Tage treten, muss man bei letzteren etwas genauer hinsehen. Wer aber die privaten Abschiedsbriefe und Testamente etwa der japanischen Kamikaze betrachtet, stellt fest, dass die Todeskandidaten zumeist nicht nüchtern, objektiv und rational gedacht haben. In den Briefen kommt Jenseitiges zur Sprache, Ängste und Hoffnungen finden ihren Ausdruck (Heinemann 1956). Andernorts spielen Heldenmystizismen, Verehrungskulte bis hin zur Apotheose eine Rolle. Im israelisch-palästinensischen Konflikt illustrieren Biografien von Tätern, dass die meisten zumindest kurz vor ihrer Tat eine wie auch immer geartete Verbindung zum Islam aufgebaut haben, auch wenn sie aus säkularen Elternhäusern stammten (Schneiders 2006, S. 213 ff.). Das weite Feld der spirituellen Motivation macht klar, politische Erwägungen allein reichen allem Anschein nach nicht aus, um den natürlichen Lebenswillen des Menschen zu überwinden. Wenn

© Springer Fachmedien Wiesbaden 2015
T. G. Schneiders, *Selbstmordanschläge und Islam,* essentials,
DOI 10.1007/978-3-658-07163-9_2

es zugleich keine organisierten Selbstmordattentate gibt, die allein aus religiöser Motivation heraus erfolgt sind, ergibt sich daraus: Die spirituellen Motive – und in dem Fall die Religion des Islam – sind zwar nicht handlungsweisend, aber ihre Funktion besteht prinzipiell in der moralischen Legitimation und in der Bekräftigung eines Tatentschlusses (ausführlicher dazu Schneiders 2006).

Die Abkürzung in den Himmel 3

Jeder einzelne Attentäter vereint in der Praxis fast durchweg ein ganzes Motiv-bündel, das ihn zu seiner Entscheidung bringt. In einzelnen Fällen sind Selbst-mordanschläge, die allein von jenseitigen Interessen geleitet sind – bei Muslimen etwa Paradiesfreuden mit 72 Jungfrauen – zwar theoretisch möglich, bilden in der Realität aber die Ausnahme, da sie absolutes Gottvertrauen und zugleich absolutes Vertrauen in die entsprechende Auslegung der islamischen Quellen voraussetzen. Die strenge Reduktion der Motive auf den Islam ist daher meist ein Produkt der Propaganda (siehe Merari 1998, S. 199 ff.).

Für Islamisten ist die Annahme von allein religiös begründeten Anschlägen at-traktiv, da eine solche wertrationale Handlung vermeintlich belegt, welche Macht vom Islam auszugehen vermag und welche Kraft ein Muslim aus dem Glauben schöpfen kann, wenn er sich fest genug auf ihn stützt. So lassen sich etwaigen Zweifeln, die bei Kandidaten für Selbstmordanschläge aufkommen können, effek-tiv vorbeugen. Den Vorstellungen zufolge würde sich der Attentäter ganz allein auf Gott konzentrieren. Wie im orthodoxen Mönchtum stünde der Dienst an Gott aus dieser Perspektive über allem anderen in der Welt. Menschliche Bindungen, welt-liche Freuden und dergleichen wären allesamt nachrangig.

In der Realität kommt diese Denkweise vor allem in abgeschwächter Form vor – eben zur Bekräftigung eines Tatentschlusses. Der Weg zu solchen Überzeugungen wird entweder durch wahrhafte Gottesliebe bereitet, durch die versprochenen Para-diesfreuden oder durch die Antwort auf die philosophischen Grundfragen: Woher kommen wir und wohin gehen wir? Menschen sind nach herrschender islamischer Lehre von Gott als Diener geschaffen worden. Koranisch gesehen ist der Mensch *'abd*=Diener. Ein Teil seiner Aufgaben sind die *'ibâdât*, die religiösen Pflichten als Dienst an Gott, zum Beispiel das fünfmalige Gebet am Tag. Die Worte *'abd* und

© Springer Fachmedien Wiesbaden 2015
T. G. Schneiders, *Selbstmordanschläge und Islam*, essentials,
DOI 10.1007/978-3-658-07163-9_3

'ibâdât leiten sich von derselben Wurzel ab. Ein anderer Teil seiner Aufgaben sind die *mu'âmalât*, die Pflichten im Umgang mit anderen Menschen, zum Beispiel das Verbot der Unzucht oder des Diebstahls. Wie in anderen Religionen dient das irdische Leben auch im Islam der Entscheidung, ob der Mensch am Tag des Jüngsten Gerichts in die Hölle oder ins Paradies eingehen wird. Aus sunnitisch orthodoxer Sicht wird zur Beantwortung dieser Frage das komplette menschliche Handeln in fünf Kategorien unterteilt: geboten, bevorzugt, indifferent, missbilligt und verboten. Welches Handeln Gott wie qualifiziert, ist in der Scharia manifestiert, die sich dem Menschen über das Studium unter anderem des Koran und der Hadithe erschließt. Scharia bedeutet im Arabischen auch „ebene Straße", demnach führt sie die Gläubigen geradewegs durch das Diesseits ins Paradies, wenn sie das Gebotene und Bevorzugte einhalten und das Verbotene und Missbilligte unterlassen.

Der Sinn des Lebens besteht aus dieser simplifizierenden Sicht einzig und allein darin, ins Paradies zu gelangen. Um den Weg zu vollenden, bedarf es des Tods als Schwelle. Gläubige können sich nun nach herrschender Lehre selber „auf den Weg Gottes" (*fî sabîl allâh*) begeben, um auf diesem gegebenenfalls den Tod als Märtyrer (*shahîd*; derjenige, der seinen Glauben mit seinem Blut bezeugt) zu finden. Erfolgt der Tod in dieser Form, gehen sie als so genannte Schlachtfeld-Märtyrer (arabisch: *shuhadâ' al-ma'raka*) gewiss und unmittelbar ins Paradies ein – der Tag des Jüngsten Gerichts findet für sie *quasi* nicht statt (Seidensticker 2002, S. 139). Der Tod im aufrichtigen Kampf für die Sache Gottes sei der Höhepunkt in den Bestrebungen eines Gläubigen, erklärt der Islamwissenschaftler Etan Kohlberg, es sei der edelste Weg, aus dem Leben zu scheiden und eine Garantie für Gottes Anerkennung und Belohnung (1997, S. 205).

Die Voraussetzung, um auf diese Art zu sterben, ist der Eintritt in einen Jihad (Kohlberg 1997); der Begriff hat mehrere Bedeutungen, wovon nur eine die militärische Auseinandersetzung für die Religion bezeichnet, die hier gemeint ist (siehe Peters 1996; Noth 1966; Reichmuth 2010). An dem Punkt nun, an dem ein Konflikt als Jihad und der Suizidangriff in dessen Rahmen als – zumindest indifferente – Handlung verstanden wird, läge somit der Schlüssel, um das Tor zum Paradies sozusagen aus eigener Kraft zu öffnen. Selbstmordanschläge wären damit die ‚Abkürzung in den Himmel', die zudem weitere Pflichterfüllungen im Diesseits ersparen und den Sinn des Lebens vorzeitig erfüllen würden.

Nach einem weiteren – in der Realität aber ebenfalls eher konstruierten – Verständnis vom Islam kann der Selbstmordanschlag sogar als religiöses Gebot verstanden werden. Die Mutter eines Täters erklärte: „Der Jihad wurde uns als Vorschrift auferlegt, und dieses Gedankengut müssen wir in die Seelen unserer Söhne einimpfen" (*al-Sharq al-Awsat*, 5.6.02). Nach klassischer Auffassung musste man einen Jihad zum Angriff und zur Verteidigung führen – aktiv, um den Glauben zu verbreiten, und passiv, um militärische Vorstöße von Nicht-Muslimen abzuwehren beziehungsweise die Inbesitznahme muslimischen Territoriums durch Nicht-Muslime zu verhindern. Darauf weist beispielsweise Ibn Juzayy, ein malikitischer Koran- und Rechtsgelehrter aus dem 14. Jahrhundert nach der Zeitenwende hin (1998). Der Jihad war in diesem Sinn tatsächlich Pflicht für Muslime. Im islamischen Recht gibt es unterschiedliche Auffassung von Pflicht. Es gibt eine individuelle Pflicht: *fard 'ayn*. Das Pendant heißt *fard kifâya* und bedeutet Pflicht der Gemeinschaft. Ein Alltagsbeispiel für *fard 'ayn* ist das fünfmalige Gebet am Tag, das jeder einzelne Muslim zu verrichten hat. Ein Alltagsbeispiel für *fard kifâya* ist das Totengebet, das über den Leichnam eines Verstorbenen gesprochen werden muss. Das Gebot gilt als erfüllt, wenn ihm eine beliebige Anzahl von Muslimen nachkommt. Spricht niemand das Totengebet, verfällt die gesamte islamische Gemeinschaft (arabisch: *umma*) in Sünde. Für den Jihad heißt das nun, wenn ein Verteidigungsfall eruiert wurde, konnte er zur Pflicht für jeden einzelnen waffenfähigen Muslim werden, dem es erlaubt war, zu kämpfen. Wenn kein Verteidigungsfall vorlag, mussten nach der *fard kifâya*-Auffassung zu jedem Zeitpunkt irgendwo, irgendwelche Muslime stellvertretend für alle den Jihad zur Verbreitung des Wortes Gottes gegen Nicht-Muslime führen. Diese Bedingung wurde in der Praxis allerdings als im Grunde stets gegeben vorausgesetzt, da es über die Jahrhunderte

© Springer Fachmedien Wiesbaden 2015

T. G. Schneiders, *Selbstmordanschläge und Islam*, essentials,

DOI 10.1007/978-3-658-07163-9_4

hinweg an den Grenzen des islamischen Reichs ununterbrochen Kriege oder irgendwelche kleineren Scharmützel gab, so dass man sich als Muslim eigentlich immer von einer solchen Pflicht befreit sehen konnte. Es gibt zwar auch extreme Auffassungen, wonach der Jihad nicht nur im Verteidigungsfall, sondern grundsätzlich *fard 'ayn* sei (siehe etwa die Artikelserie „*Min fiqh al-muqâwama* [Über das islamische Widerstandsrecht]" von Muhammad al-Kubaysî, Mitglied der irakischen *Hay'a al-'ulamâ' al-muslimîn* [Gesellschaft muslimischer Gelehrter, AMS], die ab dem 22. Februar 2005 in der jordanischen Zeitung *al-Sabîl* erschienen ist: *assabeel.net*). Diese Auslegung ist allerdings eher ein Phänomen moderner Islamisten und lässt sich in der Geschichte kaum ernsthaft belegen.

Diverse Religionsgelehrte haben die verschiedenen Konflikte in Afghanistan, im Irak oder im Nahen Osten als Verteidigungsfall propagiert und somit zur religiösen Individualpflicht erklärt – so geschehen etwa für den Kampf gegen Israel durch das Oberhaupt der Islamischen Gelehrtenvereinigung in Palästina (*Râbita 'ulamâ' filastîn*, PSL; *rapeta.org*), Shaykh Hâmid al-Bîtâwî, der eine entsprechende Fatwa verfasste (*al-Hayât*, 25.4.01); bereits 1988 schrieb sich die Hamas die Pflicht in Artikel 15 ihrer Charta auf die Fahnen (Hamas 1988, S. 16 ff.). So gern die Islamisten jedoch auf die klassischen Auslegungen verweisen, wenn es um die Begründung eines Jihad geht, so gern lassen sie dieselben Auslegungen außen vor, wenn es um die Art und Weise der Kampfführung geht. Betrachtet man die Praxis dessen, was Islamisten als Jihad bezeichnen, werden von den entsprechenden Geboten kaum welche eingehalten. Ibn Juzayy beispielsweise zählt sieben Punkte auf, die im islamischen Recht bis ins Detail geregelt sind: 1.) Wer bekämpft werden darf (zum Beispiel keine Frauen, Kinder, Greise und so weiter), 2.) dass vor dem Angriff ein friedlicher Aufruf, sich der islamischen Herrschaft zu beugen, erfolgen muss, 3.) wen die Muslime im Kampf um Hilfe bitten dürfen, 4.) mit wem sie ins Land des Feindes ausziehen beziehungsweise was sie dorthin mitführen dürfen, 5.) die (erlaubten und verbotenen) Methoden des Kampfes, 6.) wann man fliehen darf und 7.) Verschiedenes wie die Attitüde oder die Absicht zum Kampf (1998, S. 168 ff.). Im Christentum mag es schwierig sein, einen „Heiligen Krieg" theologisch zu legitimieren, dafür ist es aber umso einfacher, ihn später zu führen. Im Islam hingegen ist zwar die Begründung einfach, die Kriegsführung jedoch umso schwieriger.

Mit ihrer Inkonsequenz liefern die Islamisten selbst den deutlichsten Beweis dafür, wie wenig ihr Handeln auf dem Boden von Theologie fußt und wie sehr es stattdessen von politischen Erwägungen dominiert wird. Verdeutlicht wird das auch durch ein anderes Beispiel: Das Recht, einen Jihad überhaupt erst auszurufen, steht allein dem legitimierten religiösen Führer der Umma zu. Ibn Qudâma, hanbalitischer Rechtsgelehrter (gestorben 1223), schreibt in seinem berühmten Werk *al-Mughnî*: „Der Befehl zum Jihad ist dem Kalifen anvertraut und seinem redlichen Bemühen, den Willen Gottes bei seiner Entscheidung ergründet zu haben." (1985, Bd. 9, S. 166). Seit dem Ende des Osmanischen Reichs gibt es einen Kalifen aber nicht einmal mehr auf dem Papier. Wem steht also das Recht zu? Und steht es überhaupt jemandem zu? Ungeachtet solcher offenen Fragen beanspruchten Islamisten wie Usama Bin Laden dieses Recht jedoch ganz selbstverständlich für sich selbst (*al-Quds al-ʿarabî*, 23.2.1998).

Nun bedeutet ein Jihad zwar noch nicht den Aufruf zu Selbstmordanschlägen – selbst wenn das einige „Theologen" unter bestimmten Bedingungen so werten wollen (siehe weiter unten). Aber sollte die Pflicht zum Jihad erst einmal „eingeimpft" sein, wie es die Mutter des Attentäters im obigen Zitat ausgedrückt hat, wird man – insbesondere wenn in der Auseinandersetzung eine militärische Asymmetrie vorliegt – zumindest schon mal empfänglicher für die Möglichkeit, auf diese Art ‚kurzen Prozess' zu machen. Was dann nur noch ‚stört', ist das islamische Suizidverbot, das vor allem unter Hinweis auf die Hadithe theologisch unumstritten ist (Rosenthal 1946; Krawietz 1991, S. 91 ff.). Neben der Feststellung des Jihad muss somit das Weginterpretieren des Suizids ebenso integraler Bestandteil der islamischen Legitimierung von Selbstmordattentaten sein.

Die wohlverwahrte Tafel – bei Gott ist alles festgeschrieben

Die Hisbollah etwa versucht den Hinweis auf das Suizidverbot mit Hilfe der Prädestinationsvorstellung auszuhebeln: „Wir glauben, dass der Moment unseres Todes aufgezeichnet ist und von Gott festgelegt wurde." (Vizegeneralsekretär Na'îm Qasâm zitiert nach Jaber 1997, S. 86). Der Mensch kann den Zeitpunkt seines Todes also in keinem Fall selbst bestimmen, weil Gott Geburt und Tod eines jeden bereits vorab festgeschrieben hat. Dem Glauben nach existiert bei Gott eine so genannte „wohlverwahrte Tafel" (*al-lawh al-mahfûz*), auf der einmal die Urschrift des Koran und einmal der Wille Gottes mit all seinen Entscheidungen in Vergangenheit, Gegenwart und Zukunft verzeichnet ist; alles, was geschrieben steht, ist auf Ewigkeit festgelegt. Wenn ein Mensch einen Suizidangriff an einem bestimmten Tag erfolgreich ausführt, dann ist sein Tod demnach für exakt diesen Tag vorherbestimmt gewesen, egal „ob er sich in einem Unterschlupf versteckt, über die Straße geht oder den Feind bekämpft, er wird sterben, wenn seine Zeit gekommen ist." (Jaber 1997, S. 86). Der Mensch kann vor diesem Hintergrund lediglich aus freiem Willen Einfluss auf die Art und Weise seines Todes nehmen: „Wenn sich ein Kämpfer anschickt, in den Jihad zu ziehen, glauben wir nicht […], dass er den Moment seines Todes näher bringt. Denn alles, was er getan hat, ist zu wählen, auf welche Art und Weise er sterben wird". (Jaber 1997, S. 86).

Durch die Popularität, die die Selbstmordanschläge im Laufe der Zeit erfuhren, bedurfte es mitunter gar keiner ausgefeilten Beweisführung mehr. So argumentierte zum Beispiel der frühere Sprecher der Hamas, 'Abd al-'Azîz al-Rantisî, den die israelische Regierung 2004 töten ließ, lediglich mit dem einfachen Grundgedanken: „Wenn sich der Märtyrer umbringen will, weil er das Leben satt hat, dann ist es ein Suizid. Möchte er jedoch seine Seele opfern, um den Feind zu treffen und um den Willen Gottes, nun, dann ist er ein Märtyrer." (*al-Hayât*, 25.4.01).

© Springer Fachmedien Wiesbaden 2015
T. G. Schneiders, *Selbstmordanschläge und Islam*, essentials,
DOI 10.1007/978-3-658-07163-9_5

Um diese Argumentation besser zu verstehen, hilft ein kanonischer Ausspruch des Propheten Muhammad: „Die Taten sind entsprechend den Absichten, und jedem Menschen (gebührt), was er beabsichtigt hat." (al-Bukhârî 1994, S. 3; zum Hadith siehe Motzki 2010).

An dieser Stelle wird zum einen deutlich, wie Islamisten das klassische Verständnis verbiegen, um es für ihre Interessen einzusetzen. Zum anderen lässt sich aber kaum leugnen, dass ein gewisser Anteil islamischer Theologie in den islamistischen Selbstmordanschlägen zu finden ist.

Die Verknüpfung von Selbstmordanschlägen und Islam zeigt sich außer auf theologischer respektive theoretischer Ebene auch in der Praxis. Die Attentate werden nicht nur von gewaltbereiten Extremistenorganisationen verteidigt, sondern auch von führenden religiösen Persönlichkeiten, die in der Mitte der internationalen islamischen Gemeinschaft stehen. Zahlreiche Gläubige auf der ganzen Welt wenden sich bei Alltagsfragen mit der Bitte um religiösen Rat an sie. Bisweilen tun sie das auch mit der Frage, ob Selbstmordanschläge oder „Märtyreroperationen", wie muslimische Befürworter sie nennen, im Islam erlaubt sind? In einer Resolution des Rates für Islamisches Recht (*fiqhacademy.org.sa*), das an die Organisation der Islamischen Konferenz (OIC) angegliedert ist, zu der 57 Staaten der Erde gehören, heißt es dazu: „Dschihad und Märtyreroperationen, die verübt werden, um den islamischen Glauben, die Würde, die Freiheit und die Souveränität von Staaten zu verteidigen, sind nicht als Terrorismus zu betrachten, sondern eine grundlegende Form der notwendigen Verteidigung legitimer Rechte. Die unterdrückten Völker, die einer Besatzung ausgesetzt sind, haben das Recht, mit allen möglichen Mitteln ihre Freiheit zu erstreben." (zitiert nach Damir-Geilsdorf 2004). Der Beschluss wurde bei der Sitzung von 11. bis 16. Januar 2003 in Katar gefasst. Darüber hinaus unterstrich der Rat, dass „Märtyreroperationen" nicht nur eine legitime Form des Jihad darstellen, sondern auch obligatorisch werden können, wenn sie die einzige Möglichkeit sind, den Gegner aufzuhalten (Damir-Geilsdorf 2004, S. 85). Auch bekannte Einzelpersonen aus der islamischen Gelehrtenwelt, deren Einschätzungen dann in muslimischen Kreisen weiter gereicht werden, treten als Befürworter auf. Der einflussreiche Gelehrte Sa'îd Ramadân al-Bûtî beispielsweise, der im März 2013 vermutlich bei einer Bombenexplosion im syrischen Bürgerkrieg gestorben ist, argumentierte ähnlich und verteidigte Selbstmordanschläge unter

© Springer Fachmedien Wiesbaden 2015

T. G. Schneiders, *Selbstmordanschläge und Islam*, essentials,

DOI 10.1007/978-3-658-07163-9_6

bestimmten Voraussetzungen; was auf der Videoplattform YouTube abrufbar ist.[1] al-Bûtî war in den 70er und 80er Jahren Dekan der Fakultät für Islamisches Recht an der Universität Damaskus, er hielt bis zuletzt Freitagspredigten in der berühmten Umayyaden-Moschee der syrischen Hauptstadt, die im staatlichen Fernsehprogramm übertragen wurden. Er stand also mitten in der muslimischen Gemeinde Syriens. al-Bûtî galt vielen als moderat, weil er sich zum einen gegen salafistische Strömungen wandte (Buti 2010, 1998) und zum anderen der weitgehend säkularen Staatsführung um Hafiz und Baschar al-Assad nahe stand (Zisser 1996, S. 636).

Auf einer der weltweit populärsten Internetseiten zum Thema Islam, *islamonline.net* (s. a. Gräf 2008), bekam ein User auf die Frage: „Sind Muslime, die bei Angriffen auf US-Militärbasen in der Golfregion sterben, Märtyrer?", unter anderem die Antwort des palästinensischen Rechtsgelehrten Dr. Sâlim Salâma: „Ich komme nicht umhin zu sagen, der Jihad gegen die aggressiven amerikanischen Truppen ist wahrlich fard 'ayn. Diese Soldaten mit all ihren Kampfflugzeugen, Panzern und Raketen sind nichts weiter als Imperialisten, die es auf die Besetzung unseres Landes abgesehen haben." (zitiert nach Damir-Geilsdorf 2004) *Spiritus rector* dieser Seite ist der Ägypter Yûsuf al-Qaradâwî, eine der populärsten Autoritäten unter den sunnitischen Gelehrten in der arabischen Welt, die der Muslimbruderschaft zugerechnet wird (s. a. Wenzel-Teuber 2010). 1996 erklärte al-Qaradâwî selbst, dass die Selbstmordattentate im israelisch-palästinensischen Konflikt keinen Suizid darstellten, sondern angesichts des dortigen Jihad zur Selbstverteidigung als Märtyrertaten zu verstehen seien (Kay 1999, S. 53). Seine Erklärungen und ebenso die Aussagen anderer, die sich zum Thema äußerten, verhallten zu dieser Zeit allerdings noch relativ ungehört in der Öffentlichkeit. Als der führende Mufti Saudi-Arabiens 'Abd al-'Azîz Âl al-Shaykh 2001 mit einer ablehnenden Stellungnahme zu diesen Operationen Gehör fand (Memri 2001, Nr. 53), widersprach al-Qaradâwî umgehend. Mittlerweile durch seine dauerhafte Präsenz beim arabischen Nachrichtensender al-Jazeera einem breiten Publikum zugänglich, bekräftigte er sein Urteil von 1996: „Diese Operationen sind die höchste Form des Jihad für den Willen Gottes, und sie sind eine Art des Terrorismus, die nach der Scharia erlaubt ist. […] Der Begriff Suizid-Operationen ist nicht korrekt und eine irreführende Bezeichnung, weil sie heldenhafte Taten des Martyriums sind und nichts zu tun haben mit Selbstmord. Die Mentalität derer, die sie ausführen, hat nichts mit der Mentalität desjenigen zu tun, der Selbstmord begeht." (Memri 2001, Nr. 53). Von nun an entstand eine breite öffentliche Debatte. Viele namhafte Islamgelehrte und Personen der Öffentlichkeit, die sich Gehör verschaffen konnten, kamen zum selben Urteil wie al-Qaradâwî – besonders in den besetzten Palästinensergebieten: neben dem

---

[1] http://www.youtube.com/watch?v=qcqx96Stlu4.

erwähnten Hâmid al-Bîtâwî auch Ikrima Sabrî, Rechtsgelehrter der Palästinensischen Autonomiebehörde (Memri 2001, Nr. 65). Zwischen der verurteilenden und der zustimmenden Haltung versuchte das Oberhaupt der angesehenen ägyptischen al-Azhar-Universität Muhammad Sayyid al-Tantâwî eine vermittelnde Position einzunehmen: „Suizid-Operationen gehören so lange zur Selbstverteidigung und zu einer Form des Martyriums, wie die Absicht dahinter steckt, die Soldaten des Feindes zu töten und nicht Frauen und Kinder." (Memri 2001, Nr. 53). Auf die Veröffentlichung einer entsprechenden Fatwa, erklärte al-Qaradâwî, das Urteil des al-Azhar Oberhaupts träfe im Fall der Palästinenser nicht zu: „Israelis sind eine ‚Nation unter Waffen'. In Israel sind alle Männer und Frauen Soldaten. Sie sind alle Besatzungstruppen." (*al-Ahram weekly online*, 13.–19.12.2001) Später, als sich zunehmend auch Frauen in die Luft sprengten, bekräftigte al-Qaradâwî noch einmal seine Auffassung: „Wenn der Jihad zur individuelle Pflicht eines Muslim wird, [...] erlangt eine Frau die Berechtigung neben Männern daran teilzunehmen. [...] Ich glaube, eine Frau kann nach ihren Möglichkeiten und ihrem Befinden ebenso an dieser Form des Jihad Teil haben. Zudem könnten die Organisatoren der Märtyreroperationen von einigen gläubigen Frauen profitieren, etwa indem sie sie dort zum Einsatz kommen lassen, wo es für Männer nicht möglich ist:" (*islamonline.net*; 6.11.2006).

Diese Ansichten von wichtigen religiösen Autoritäten sickern schließlich auf vielfältige Weise auch nach Deutschland ein, über das Internet, über Schriften oder über bestimmte Personen wie zum Beispiel Ahmad von Denffer (zu ihm s. a. Khoury 2010; Rohe 2010). Der umtriebige deutsche Konvertit, Funktionär und Publizist, der unter anderem den Koran übersetzt hat und laut Verfassungsschutzbericht Niedersachsen „das Gedankengut der islamistischen Muslimbruderschaft" vertritt (2004, S. 140), rekurrierte in einem Beitrag für die Internetseite der Islamischen Gemeinschaft Deutschland (IGD) auf al-Qaradâwîs Äußerungen zu Selbstmordanschlägen; erst als die IGD kritisch darauf angesprochen wird, wird der Text von der Seite entfernt (*Frankfurter Rundschau*, 14.4.2005); von Denffer hat übrigens auch al-Qaradâwîs berühmte dogmatische Abfassung *Erlaubtes und Verbotenes im Islam* ins Deutsche übertragen. In anderen Zusammenhängen liest man dann wiederum auf unverdächtigen Internetseiten über von Denffer: „Ahmad von Denffer ist kein Islamist oder sonstwie Extremist. Das ist einfach nur Üble Nachrede." (Eintrag von „Thrand" am 27. August 2008 im Chat des ZDF-Portals „Forum am Freitag").

Die übergroße Mehrheit der Muslime lehnt Selbstmordanschläge und andere Gewalttaten im Islam ab (Brettfeld und Wetzels 2007, S. 177; s. a. Esposito und Mogahed 2008). Doch das wird in der globalisierten Mediengesellschaft unserer Tage nicht immer wahrgenommen. Zu dominierend ist die Berichterstattung über diese Religion vor allem im Kontext von Problemen und Gewalt (Hafez und Richter 2007; Hafez 2010; Schneider et al. 2013; Schneiders 2010). Der Ruf von Muslimen wird folglich von dieser spezifischen Sicht auf den Islam geprägt (Zick und Küpper 2009), was sich wiederum auf das Alltagsleben der Betroffenen rund um den Globus auswirkt: Das Ansehen einer Gruppe entscheidet mit über Diskriminierung und Ausgrenzung, wie man etwa an Juden oder Sinti und Roma sehen kann (Schneider et al. 2013). Gewalt findet selbstverständlich in anderen Regionen der Erde und im Namen anderer Religionen ebenso statt: Man denke an die Hindu-Nationalisten in Indien, an die buddhistischen Scharfmacher in Myanmar oder die Lord's Resistance Army (LRA), die seit Jahrzehnten den Norden Ugandas im Kampf für einen christlichen Gottesstaat mit brutaler Gewalt überzieht. In der Nachrichtengeografie deutschsprachiger Medien finden diese Regionen aber deutlich weniger Beachtung (s. a. Magin und Stark 2011, S. 110), und auch internationale Medien stellen die islamische Welt wesentlich deutlicher in den Vordergrund als sie dies beispielsweise vor dem 11. September 2001 getan haben (Strunz 2014). Man kann diese Schwerpunktsetzung kritisieren, man darf dabei aber nicht vergessen, was der Katalysator für die medialen Zerrbilder des Islam ist: der Gewaltakt, der im Namen des Islam vollzogen wird. Ebenso wenig lässt sich darüber hinwegsehen, dass Gewalt heute in signifikantem Maß von bekennenden Muslimen begangen wird. Jede dieser Taten verfestigt bei Nichtmuslimen das negative Bild vom Islam und verunsichert Muslime in Bezug auf ihren Glauben. Das gilt

© Springer Fachmedien Wiesbaden 2015
T. G. Schneiders, *Selbstmordanschläge und Islam,* essentials,
DOI 10.1007/978-3-658-07163-9_7

besonders in Europa und in den USA, weil dort in den vergangenen Jahren einige der verheerendsten Anschläge außerhalb von Kriegssituationen begangen wurden.

Von verschiedenen Seiten wurden daher Forderungen laut, Muslime in Deutschland müssten sich öffentlich von solchen Taten distanzieren. Im Grunde ist das ein merkwürdiger Appell, es verlangt auch niemand ernsthaft von deutschen Christen eine Stellungnahme, wenn irgendwo auf der Welt Extremisten im Namen dieser Religion zu Felde ziehen. Abgesehen davon gibt es in Deutschland bis dato gar keine islamische Öffentlichkeit, die sich wirksam im Namen der Gläubigen distanzieren könnte. Es gibt weder eine dem Zentralrat der Juden, der Evangelischen Kirche in Deutschland und der katholischen Deutschen Bischofskonferenz vergleichbare Institution, noch etwas Ähnliches wie dem *Conseil français du culte musulman*, dem nationalen Islamrat in Frankreich. Die vorhandenen Verbände sind nicht repräsentativ, viele Gläubige sind nicht organisiert. Ferner stehen nur wenige muslimische Intellektuelle im öffentlichen Diskurs, und nicht selten wehren diese sich gegen eine Vereinnahmung als Muslim, weshalb eine Distanzierung von Gewaltakten anderer Muslime für sie alles andere als nahe liegend ist.

Dennoch erheben einzelne Gruppen von Muslimen immer wieder ihre Stimmen gegen Gewalt – Beispiel: die gemeinsame Stellungnahme „Gegen Terror und Gewalt" des Islamrats und des Zentralrats der Muslime in Deutschland nach den Anschlägen auf Madrider Vorortzüge 2004 (*zentralrat.de*, 5.04.2004); Beispiel: die Gründung der „Kreuzberger Initiative gegen Antisemitismus" nach den Anschlägen auf Synagogen in Istanbul 2003 (*kiga-berlin.org*); Beispiel: gemeinsamer Appell von 26 Organisationen und Zusammenschlüssen vom 25. August 2006, „Nicht in unserem Namen! Muslimische Verbände gegen Terror und Gewalt" (*islam.de*); Beispiel: Pressemitteilung des Liberal-Islamischen Bunds, der die Anschläge vom 1. Januar 2011 auf eine koptische Kirche im ägyptischen Alexandria als „heimtückischen Angriff auf das Schärfste" verurteilte: „Dabei sehen wir uns an der Seite vieler Musliminnen und Muslime in Deutschland und in aller Welt." (*lib-ev.de*, 2.1.2011); Beispiel: der bundesweite Aktionstag „Muslime stehen auf gegen Hass und Unrecht" des Koordinationsrats der Muslime am 19. September 2014.

Trotz solcher Maßnahmen wird aber vor allem im privaten Umfeld oftmals geschwiegen, wenn Scharfmacher, erst recht wenn sie einem persönlich bekannt sind, das Wort ergreifen (s. a. Kaddor 2012). Wegen der politischen Umstände in der islamischen Welt – der Krieg im Irak, die Besatzung palästinensischer Gebiete, Guantánamo, Abu Ghraib und so weiter – wird infolge von Viktimisierungsmechanismen und Solidarisierungseffekten zum Teil sogar Verständnis für Gewalttaten aufgebracht (zum Zusammenhang zwischen der als ungerecht empfundenen internationalen Politik und Radikalisierung siehe die Studien von Goli und Rezaei 2010; Sirseloudi 2006, 2010; Moghaddam 2005; Waldmann 2009). Brettfeld und

Wetzels fanden in ihrer Untersuchung zu Muslimen in Deutschland für das Bundesinnenministerium heraus: „Trotz der Distanzierung von terroristischen Akten und Selbstmordanschlägen sind eine gewisse Gewaltaffinität (Verteidigung der Ehre) und eine Form der Wahrnehmung der Marginalisierung von Muslimen in Deutschland (Konstruktion als Bedrohungsfaktor) nicht zu übersehen" (S. 473). Die Journalistin Julia Gerlach weist nach Gesprächen mit jungen Muslimen ebenfalls darauf hin, dass Berichte über Selbstmordattentäter entweder relativiert werden, indem zuerst auf die Gewalt in anderen Religionen verwiesen wird, oder indem sie gleich ganz für erfunden gehalten werden, weil in Wirklichkeit keine Muslime sondern im Sinne einer Verschwörung Geheimdienste die Drahtzieher seien (2006, S. 204 f.). Auch der Publizist und Islamwissenschaftler Navid Kermani betonte im Hinblick auf die in Deutschland mit vorbereiteten Terroranschläge vom 11. September: „Das Beispiel der Hamburger Terrorzelle um Mohammed Atta hat aufgezeigt, wie viele Muslime die Augen schließen vor den Gefahren des Extremismus. Atta und seine Gruppe fanden offenbar ein Umfeld, in dem sie zwar nur von wenigen direkt unterstützt, aber doch weitgehend geduldet wurden. Sie galten dann eben doch als Brüder im Glauben, deren Verhältnis zur Gewalt man zwar nicht teilte, die man aber auch nicht an die deutschen Behörden auslieferte." (2004).

Eine solche indirekte Unterstützung, derer sich die Extremisten nicht bei der Mehrheit, aber doch bei einer gewissen Zahl von „Glaubensgeschwistern" gewiss sein können, tragen dazu bei, die Option der Gewalt im Namen des Islam aufrecht zu erhalten. Denn die mit dem Koran geführte Argumentation richtet sich nicht etwa an die Gegner. Die Islamisten buhlen vor allem um Zustimmung anderer Muslime (Abu Zayd 2010). Rückendeckung ist ihnen demzufolge wichtig.

Die erwähnten internationalen Propagandisten von Selbstmordanschlägen werden in Deutschland ebenso wie anderenorts rezipiert (s. a. Gräf 2008), und die Attentate an sich in offenen Foren sowie auf frei zugänglichen Internetportalen gerechtfertigt und als „Märtyreroperationen" oder „opferbereiter Widerstandskampf" verklärt.[1] Zur Legitimierung wird auch hier auf das Leiden der Muslime vor allem in Palästina und im Mittleren Osten verwiesen (Frindte et al. 2011, S. 463).

Daneben gibt es Ansätze, die Gewalt im Namen der Religion herunterzuspielen und im Gegenzug die friedliche Seite des eigenen Glaubens weitgehend unkritisch hervorzuheben. Zusammenhänge zwischen islamischen Glaubensüberzeugungen und Terrorakten werden marginalisiert oder negiert und es entsteht eine Form von

---

[1] http://ahlu-sunnah.de/foren/themen/5527-M%C3%A4rtyreroperation; zum Forum ahlu-sunnah.de; s. a. Frindte et al. 2011, S. 455 ff. http://www.muslim-markt.de/Palaestina-Spezial/diverse/verfaelschung/selbstmordattentaeter.htm.

Islamverherrlichung. Der frühere deutsche Botschafter und Konvertit Murad Wilfried Hofmann schreibt in seinem Buch *Der Islam als Alternative*: „Natürlich gibt es das Phänomen des regionalen, politisch-ideologischen, religiös eingefärbten Terrorismus. Nur: Mit Islam hat es nichts zu tun. Jedenfalls nicht mehr als die Gewaltbereitschaft anderer". (1993, S. 99) Der Orientalist Fritz Steppat machte bereits in den 1980er Jahren eine selektive Sichtweise als Grundhaltung mancher Vertreter des Islam aus: „Oberflächlichere Modernisten begnügen sich mit einer romantischen Verklärung des Islam, indem sie apologetisch versichern, der Islam habe seit je Rationalismus, moderne Wissenschaft, Demokratie, Sozialismus usw. eingeschlossen, und die Muslime brauchten diese latenten Elemente nur zu aktivieren, um in der modernen Welt zu bestehen." (1983, S. 25). Die gleichen Strategien gibt es nach wie vor: In einem Flyer der Ahmadiyya Muslim Jamaat Deutschland mit dem Titel *Muslime für Frieden, Freiheit und Loyalität* (wobei Loyalität hier mittels einer abgedruckten Deutschlandfahne als Loyalität gegenüber dem Staat verstanden werden soll), heißt es: „Frieden, Sicherheit und Ordnung werden als wesentliche Voraussetzungen für den materiellen, moralischen und geistigen Fortschritt der Menschheit betrachtet. Diese sind wichtige Charakterzüge des Islam und des Heiligen Propheten Muhammad[saw]. Jede Lesart des Islam, die diesem Konzept widerspricht, ist als falsch und unislamisch abzulehnen." Die gesamte Organisation ist im Geiste dieser Haltung gestaltet. (*ahmadiyya.de*) Nun mag man einwenden, dass die Ahmadiyya eine sektiererische Sonderstellung innerhalb des Islam einnimmt, weil ihre Anhänger auch an den „verheißenen Messias und Imam Mahdi", Hadhrat Mirza Ghulam Ahmad Qadiani glauben, aber auch im traditionellen sunnitischen und schiitischen Islamspektrum finden sich entsprechende Belege für die Strategie der Verdrängung wie etwa das private Weblog mit dem bezeichnenden Titel „islam-ist-frieden.de". Auf der Internetseite einer der großen Islamverbände in Deutschland, dem Verband der Islamischen Kulturzentren (VIKZ e. V.), heißt es im ersten Abschnitt einer Einführung zum Islam: „Der Islam ist eine der großen Weltreligionen. Der Begriff Islam entstammt aus der arabischen Wurzel s-l-m und bedeutet sich hingeben, in Frieden eintreten, Frieden schließen."[2] Die erste Bedeutungszuschreibung ist zutreffend, über die zweite lässt sich diskutieren, die dritte jedoch ist semantisch nicht belegt.

Das demonstrative Propagieren von Zusammenhängen zwischen Islam und Selbstmordanschlägen oder anderen Gewalttaten führt unzweifelhaft zu einer Verschärfung der Probleme. Das Relativieren und Ausblenden trägt allerdings auch mit dazu bei, dass eine Lösung des Gewaltproblems innerhalb der Religion wenn nicht verhindert, so zumindest verzögert wird. Navid Kermani meint: „Viel wichti-

---

[2] http://www.vikz.de/index.php/der-islam.html.

ger als öffentliche Distanzierungsakte, wie sie jetzt allenthalben gefordert werden, ist [...] in Deutschland etwas anderes: dass die Debatte innerhalb der islamischen Gemeinden geführt wird." (2004) Während ihm zufolge in weiten Teilen der islamischen Welt bereits eine selbstkritische und offene Auseinandersetzung über Terrorismus geführt wird, reagieren hiesige „Imame oder muslimische Verbandsvertreter [...] in der Regel immer noch defensiv und verharren in der Opferrolle." Wenn sie jedoch beteuern, „,echte' Muslime könnten keine Terroristen sein, sollten sie künftig strikt darauf achten, dass aus Muslimen keine Terroristen werden." (Kermani 2004).

Statt sich aber mit solchen Aspekten ernsthaft auseinanderzusetzen, besetzen die großen deutschen Islamverbände lieber das Komplementärthema. So wurden beispielsweise die Hintergründe des Tods der Ägypterin Marwa El-Sherbini, die aus rassistischen und islamfeindlichen Gründen am 1. Juli 2009 in einem Dresdner Gerichtssaal niedergestochen wurde, in aller Ausführlichkeit diskutiert, während der vor dem Oberlandesgericht Düsseldorf zeitgleich laufende Prozess gegen die so genannte Sauerland-Gruppe, die im Herbst 2007 aus islamistischen Beweggründen Anschläge auf US-Einrichtungen in Deutschland geplant hatte, so gut wie keine Beachtung fand. Das belegt ein simpler Test: Wer am 9. September 2009 mit der Internetsuchmaschine Google auf der ZMD-Seite *zentralrat.de* nach dem Nachnamen der Ägypterin suchte, wurde 38 Mal fündig. Unter dem Stichwort „Sauerland-Gruppe" und dem Namen von zwei der Angeklagten gab es indes keinen einzigen Eintrag! Auf der Seite der Milli Görüş (*igmg.de*) tauchte das Stichwort „Sauerland-Gruppe" immerhin 13 Mal auf, der Nachname der Ägypterin hingegen 307 Mal!

Was Sie aus diesem Essential mitnehmen können

- Selbstmordanschläge sind nicht auf den muslimischen Kontext beschränkt.
- Die Religion des Islam wird zur Legitimierung von Selbstmordanschlägen herangezogen.
- Klassische theologische Konzepte vom Eingang ins Paradies und von der Prädestinationslehre dienen als Blaupause für die Argumentation.
- Aus der islamischen Gelehrtenwelt kommt Zustimmung von führenden Persönlichkeiten.
- Im Alltag tun sich viele Muslime schwer im Umgang mit dem Thema.

© Springer Fachmedien Wiesbaden 2015
T. G. Schneiders, *Selbstmordanschläge und Islam,* essentials,
DOI 10.1007/978-3-658-07163-9

Literatur

Abu Zayd, Nasr Hamid. 2010. Fundamentalismus. Von der Theologie zur Ideologie. In *Islamverherrlichung. Wenn die Kritik zum Tabu wird*, Hrsg. Thorsten Gerald Schneiders, 159–170. Wiesbaden.

Brettfeld, Katrin, und Peter Wetzels. 2007. Muslime in Deutschland. Integration, Integrationsbarrieren, Religion und Einstellungen zu Demokratie, Rechtsstaat und politisch-religiös motivierter Gewalt. Ergebnisse von Befragungen im Rahmen einer multizentrischen Studie in städtischen Lebensräumen. Hamburg. [Bundesministerium des Inneren: Texte zur inneren Sicherheit].

Bukhârî, al-. 1994. *Mukhtasar sahîh al-Bukhârî. al-Musammâ l-tajrîd al-sarîh*, 5. Aufl. Damaskus.

Bûtî, Muhammad Sa'îd Ramadân al-. 1998. *al-Salafiyya: Marhala zamaniyya mubâraka lâ madhhab islâmî*. Damaskus.

Bûtî, Muhammad Sa'îd Ramadân. 2010. *Al-Lâ Madhhabiyya. Abandoning the Madhhabs is the most dangerous Bid'ah threatening the Islamic Shari'ah*. Damaskus.

Damir-Geilsdorf, Sabine. 2004. Krieg im Namen des Islam? Aushandlungen und Transformationen religiöser Konzepte am Beispiel der islamischen ,Märtyreraktionen' im Palästinakonflikt. In *Mitten im Krieg. Perspektiven einer friedlichen Welt*, Hrsg. Ralph-M. Luedtke, und Peter Strutynski, 73–88. Kassel.

Esposito, John L., und Dalia Mogahed. 2008. *Who speaks for Islam? What a billion Muslims really think. Based on Gallup's world poll, the largest study of its kind*. New York.

Frindte, Wolfgang, et al. 2011. *Lebenswelten junger Muslime in Deutschland*, Hrsg. vom Bundesministerium des Inneren. Rostock.

Gerlach, Julia. 2006. *Zwischen Pop und Dschihad, Muslimische Jugendliche in Deutschland*. Berlin.

Goli, Maco, und Shahamak Rezaei. 2010. *House of war. Islamic radicalisation in Denmark*. Aarhus.

Gräf, Bettina. 2008. IslamOnline.net: independent, interactive, popular. *Arab media & society* 4 (2008) [arabmediasociety.com].

Hafez, Kai. 2010. Mediengesellschaft – Wissensgesellschaft? Gesellschaftliche Entstehungsbedingungen des Islambildes deutscher Medien. In *Islamfeindlichkeit. Wenn die Grenzen der Kritik verschwimmen*, Hrsg. Thorsten Gerald, 2. Aufl., 101–120. Wiesbaden.

© Springer Fachmedien Wiesbaden 2015

T. G. Schneiders, *Selbstmordanschläge und Islam*, essentials,

DOI 10.1007/978-3-658-07163-9

Hafez, Kai, und Carola Richter. 2007. Das Islambild von ARD und ZDF. *Aus Politik und Zeitgeschehen* 26–27 (2007): 40–46.

Hamâs, Hrsg. 1988. Mîthâq haraka al-muqâwama al-islâmiyya (Hamâs) [Charta der Islamischen Widerstandsbewegung (Hamâs)]. Plästina.

Heinemann, Klaus-R. Übers. 1956. *Sturm der Götter. Briefe und Tagebuchaufzeichnungen gefallener Japaner.* Wiesbaden.

Ibn Juzayy, Muhammad Ibn Ahmad. 1998. *al-Qawânîn al-fiqhiyya.* Beirut.

Ibn Qudâma, Muwaffaq al-Dîn. 1985. *al-Mughnî fî fiqh al-imâm Ahmad Ibn Hanbal al-Shaybânî, 10 Bde.* Beirut.

Jaber, Hala. 1997. *Hezbollah. Born with a vengeance.* New York.

Kaddor, Lamya. 2012. Muslime in Deutschland. Selbstbewusstsein und Kritikfähigkeit. In *Verhärtete Fronten. Der schwere Weg zu einer vernünftigen Islamkritik.* Hrsg. Thorsten Gerald Schneiders, 149–176. Wiesbaden.

Kay, Shahar. 1999. Reality versus religious origins. Suicide and martyrdom in Islam. *Journal of counterterrorism and security international* 6 (1999): 50–56.

Kermani, Navid. 2004. Distanzierungszwang und Opferrolle. Warum Muslime in Europa erst jetzt dem Extremismus in den eigenen Reihen eine öffentliche Absage erteilen. *Die Zeit,* 18. November.

Khoury, Adel Theodor. 2010. Der Islam im europäischen Umfeld. Muslime und ihr beschwerlicher Weg in die Zukunft. In *Islamverherrlichung. Wenn die Kritik zum Tabu wird,* Hrsg. Thorsten Gerald Schneiders, 259–274. Wiesbaden.

Kohlberg, Etan. 1997. *Art. „Shahīd".* Encyclopaedia of Islam, 2. Aufl., Bd. 9., 203–207. Leiden.

Krawietz, Birgit. 1991. *Die Hurma. Schariarechtlicher Schutz vor Eingriffen in die körperliche Unversehrtheit nach arabischen Fatwas des 20. Jahrhunderts.* Berlin.

Magin, Melanie, und Birgit Stark. 2011. Österreich – Land ohne Leuchttürme? Qualitätszeitungen im Spannungsfeld zwischen publizistischer Leistung und strukturellen Zwängen. In *Krise der Leuchttürme öffentlicher Kommunikation. Vergangenheit und Zukunft der Qualitätsmedien,* Hrsg. Roger Blum et al., 97–114. Wiesbaden.

[Memri] The Middle East Media Research Insitute, Hrsg. 2001. Debating the religious, political and moral legitimacy of suicide bombings. In *Inquiry and Analysis* 53/54 und 65/66 (2001).

Merari, Ariel. 1998. The readiness to kill and die. Suicide terrorism in the Middle East. In *Origins of terrorism. Psychologies, ideologies, theologies, states of mind,* Hrsg. Walter Reich, 2. Aufl. Washington.

Moghaddam, Fathali M. 2005. The staircase to terrorism. A psychological exploration. *American Psychologist* 60 (2): 161–169.

Motzki, Harald. 2010. Ewig wahre Quellen? Wie glaubwürdig sind die Hadithe? Die *klassische* islamische Hadith-Kritik im Licht moderner Wissenschaften. In *Islamverherrlichung. Wenn die Kritik zum Tabu wird,* Hrsg. Thorsten Gerald Schneiders, 57–72. Wiesbaden.

Noth, Albrecht. 1966. *Heiliger Krieg und heiliger Kampf in Islam und Christentum. Beiträge zur Vorgeschichte und Geschichte der Kreuzzüge.* Bonn.

Paz, Reuven. 2001. The Saudi fatwah against suicide terrorism. *PeaceWatch* 323 (2001).

Peters, Rudolph. 1996. *Jihad in classical and modern Islam. A reader.* Princton.

Reichmuth, Stefan. 2010. Jihad – Muslime und die Option der Gewalt in Religion und Staat. In *Islamverherrlichung. Wenn die Kritik zum Tabu wird*, Hrsg. Thorsten Gerald Schneiders, 185–198. Wiesbaden.

Rohe, Mathias. 2010. Islamismus in Deutschland. Einige Anmerkungen zum Thema. In *Islamverherrlichung. Wenn die Kritik zum Tabu wird*, Hrsg. Thorsten Gerald Schneiders, 171–184. Wiesbaden.

Rosenthal, Franz. 1946. On suicide in Islam. *Journal of the American Oriental Society* 66 (1946): 239–259.

Schneider, Jan, et al. 2011. *Muslime in der Mehrheitsgesellschaft: Medienbild und Alltagserfahrung in Deutschland*. Hrsg. Sachverständigenrat deutscher Stiftungen für Integration und Migration. Berlin.

Schneiders, Thorsten Gerald. 2006. *Heute sprenge ich mich in die Luft. Suizidanschläge im israelisch-palästinensischen Konflikt. Ein wissenschaftlicher Beitrag zur Frage des Warum*. Münster.

Schneiders, Thorsten Gerald, Hrsg. 2010. *Islamfeindlichkeit. Wenn die Grenzen der Kritik verschwimmen*, 2. Aufl. Wiesbaden.

Schneiders, Thorsten Gerald, und Lamya Kaddor, Hrsg. 2005. *Muslime im Rechtsstaat*. Münster.

Seidensticker, Tilman. 2002. Die Transformation des christlichen Märtyrerbegriffs im Islam. In *Märtyrer und Märtyrerakten*, Hrsg. Walter Ameling, 137–148. Wiesbaden.

Sirseloudi, Matenia. 2006. Assessment of the link between external conflicts and violent radicalisation processes. Study for the expert group on violent radicalisation, European Commission, Directorate-General Justice, Freedom and Security. Brüssel.

Sirseloudi, Matenia. 2010. Radikalisierung von europäischen Muslimen: Zwei Erklärungsansätze. *Aus Politik und Zeitgeschichte* 44 (2010): 39–43.

Steppat, Fritz. 1983. Die politische Rolle des Islam. *Zeitschrift der Deutschen Morgeländischen Gesellschaft* (Supplement V): XXI. ((1983) Deutscher Orientalistentag vom 24. bis 28. März 1980 in Berlin. *Vorträge*, hrsg. v. Fritz Steppat. Wiesbaden, 22-36).

Strunz, Benedikt. 2014. (im Erscheinen). *Eine Globale Agenda? Die Nachrichtengeographie Internationaler Nachrichtensender*. Baden-Baden.

Waldmann, Peter. 2009. *Radikalisierung in der Diaspora. Wie Islamisten im Westen zu Terroristen werden*. Hamburg.

Wenzel-Teuber, Wendelin. 2010. Yûsuf al-Qaradâwî – Wenn ein arabischer Fernsehprediger das Denken übernimmt. In *Islamverherrlichung. Wenn die Kritik zum Tabu wird*, Hrsg. Thorsten Gerald Schneiders, 277–286. Wiesbaden.

Zick, Andreas, und Beate Küpper. 2009. Meinungen zum Islam und Muslimen in Deutschland und Europa. Ausgewählte Ergebnisse der Umfrage Gruppenbezogene Menschenfeindlichkeit in Europe (GFE-Europe). Bielefeld.

Zisser, Eyal. 1996. Syria. In *Middle East contemporary survey*, XX (1998), Hrsg. Bruce Maddy-Weitzman, 630–673.